LETTRES PATENTES

PORTANT L'ÉTABLISSEMENT

D'UN HOPITAL GENERAL

POUR LA VILLE

DE PROVINS,

Au lieu & placé du Monaſtère des Religieuſes de Sainte Claire, dites Cordelières du Mont-Sainte-Catherine lès Provins, Enregiſtrées au Parlement, Cour des Aydes, Chambre des Comptes & Grenier à Sel dudit Provins, enſemble l'Extrait de Acte de Déliberations du Bureau général du 19 Octobre 1750, Déclaration de Sa Majeſté du 12 Décembre 1698, & Traité fait par les Adminiſtrateurs dudit Hôpital Général avec les Dames de Saint Thomas de Villeneuve de Paris le 29 Juin 1751.

A PROVINS,
De l'Imprimerie de la Veuve LOUIS MICHELIN,
Imprimeur de la Ville & du Collége.

AVEC PERMISSION.

LETTRES PATENTES

Portant établissement d'un Hôpital général dans la Ville de Provins.

DU MOIS DE DECEMBRE 1749.

LOUIS, PAR LA GRACE DE DIEU, ROY DE FRANCE ET DE NAVARRE : A tous présens & à venir, SALUT. Les Magistrats & principaux Habitans de la Ville de Provins, Nous ayant représenté la grande utilité que cette Ville retireroit de l'établissement d'un Hôpital Général, & la facilité qu'on pourroit trouver de le faire, si on y appliquoit les biens & revenus d'un Monastère de Religieuses Cordelières anciennement fondé par nos Ancêtres les Comtes de Champagne, sous la condition expresse que les fonds qui avoient servi à la dotation de ce Monastère, seroient réunis à leur Domaine , en cas qu'il cessât d'être habité par les Religieuses ausquelles il avoit été destiné. Nous avons été informé que ce cas étoit sur le point d'arriver par la suppression & extinction dudit Monastère , que l'Archevêque de Sens qui en étoit le Supérieur se proposoit d'en faire selon les formes Canoniques. C'est à quoi Nous avons bien voulu donner notre consentement par notre Brevet du 4 May 1738 , & par un Brevet du 10 Février 1742 , Nous avons fait don aux Habitans de la Ville de Provins , sous les clauses & conditions qui y sont portées, des bâtimens & emplacemens , biens & revenus dudit Monastère , pour y établir & fonder un Hôpital Général , après la suppression qui devoit en être faite , & l'Archevêque de Sens l'ayant en effet ordonné par son Décret du 20 Septembre 1742 , les Magistrats & Habitans de la Ville de Provins Nous supplièrent de la confirmer par notre autorité , & d'ériger en même tems l'Hôpital Général qui étoit l'objet de leurs vœux. Nous voulûmes bien avoir égard à leur prière par les Lettres Patentes que Nous fîmes expédier au mois de Mars 1743 ; mais les difficultés qui se sont formées à l'occasion de l'enregistrement de ces Lettres

Patentes, ayant donné lieu de reconnaî-
tre qu'il étoit néceffaire d'y faire plufieurs
changemens, Nous avons jugé à propos
de Nous les faire rapporter, & d'en faire
expédier de nouvelles pour expliquer
nos intentions, afin qu'il ne refte plus
aucun obftacle à un établiffement auffi
néceffaire pour procurer aux véritables
Pauvres les fecours dont ils ont befoin,
& pour faire ceffer les inconvéniens de
la mendicité, Nous y avons ajouté les
difpofitions que Nous avons jugé convenables, foit pour le choix des perfonnes à qui le foin & la direction de
cet Hôpital feroient confiés, foit fur
les regles qui y feroient obfervées pour
y entretenir le bon ordre & la difcipline
qui peuvent rendre cet établiffement
auffi avantageux qu'il doit l'être au Pu-
blic. A CES CAUSES, voulant traiter favo-
rablement lefdits Habitans de notredite
Ville de Provins, Nous avons, de notre
grace fpéciale, pleine puiffance & autorité Royale, confirmé & autorifé par
ces Préfentes fignées de notre main,
confirmons & autorifons le Décret pro-
noncé par le fieur Archevêque de Sens
le 20 Septembre 1742, attaché fous le
contre-fcel de notre Chancellerie, portant extinction & fuppreffion dudit

A iij

Monastère des Religieuses de Sainte
Claire, dites Cordelières du Mont Sainte Catherine - lès - Provins : Voulons
& Nous plaît qu'il ait son plein & en-
tier effet, & en conséquence avons
établi & établissons au lieu & place dud.
Monastère, un Hôpital Général pour y
retirer les Pauvres, Orphelins, Men-
dians & Invalides, de l'un & de l'autre Sexe, tant de la Ville & Banlieue de
Provins, que des lieux circonvoisins,
sans qu'il puisse en aucune façon dépen-
dre de notre Grand Aumonier, ni être
sujet aux visites & Jurisdiction de la
générale réformation & grande Aumô-
nerie & autres, & pour être ledit Hôpital régi & administré en la forme &
aux conditions qui suivent.

ARTICLE PREMIER.

VOULONS que Nous & nos Succes-
seurs soient reconnus pour Fondateurs
dudit Hôpital, comme les Comtes de
Champagne l'étoient dudit Monastère.

II.

ORDONNONS que tous les biens,
meubles & immeubles, terres, bois,
prés, fermes, maisons & revenus de

quelque nature qu'ils foient, appartenans cy - devant audit Monaftère, demeurent unis à perpétuité audit Hôpital,
& qu'il jouiffe des rentes, aumônes,
franc - falé, avec tous les priviléges, fi
aucuns y a, dont ledit Monaftère jouif-
foit cy-devant, foit en vertu de la fon-
dation, foit par les acquifitions & dons
que ledit Monaftère a pu faire ou recevoir pendant qu'il a fubfifté, avec les
effets mobiliers qui fe trouvent dans led.
Monaftère, le tout fous les conditions
portées par nofdits Brevets des 4 May
1738 & 10 Février 1742 & ainfi qu'il
eft porté par les articles fuivans.

I I I.

Les enfans expofés & abandonnés
dans ladite Ville de Provins, feront reçus, nourris & entretenus dans ledit
Hôpital, à l'exemple de ce qui fe prati-
que à cet égard dans d'autres Hôpitaux,
& notre Domaine en demeurera déchar-
gé à commencer par l'année 1747.

I V.

Ledit Hôpital fera tenu de payer fur
lefd. biens & revenus une rente annuelle
& perpétuelle & non rachetable, de 800

livres, pour être employée à l'éduca-
tion, entretien & dot de deux filles à
notre nomination, une dans le Monaſtère
des Bénédictines dites Champ-Benoît,
& l'autre dans celui de la Congrégation,
tous deux établis dans ladite Ville de
Provins, à raiſon de 400 livres par an
pour chacune deſdites filles qui y ſeront
reçues ſur nos Brevets & nomination,
ſoit comme Penſionnaires, & ce ſeulement juſqu'à l'âge de dix-huit ans com-
mencés, ſoit comme Novices & Profeſſes, ſi ladite Penſionnaire veut embraſſer
l'état de Religieuſe, & y eſt admiſe,
auquel cas leſdites 400 livres annuelles
lui ſerviront de dot : & ladite rente de
800 liv. commencera à courir au profit
deſdites Communautés du jout du décès
de la dernière des Religieuſes Cordelières Profeſſes dudit Monaſtère, placées
en d'autres Monaſtères, ſur les obédien-
ces dudit ſieur Archevêque de Sens.

V.

LEDIT Hôpital ſera à perpétuité,
pour le ſpirituel, ſous l'autorité & direction dudit ſieur Archevêque de Sens;
& pour le temporel, ſous l'adminiſtration d'un Bureau qui ſera compoſé du

sieur Archevêque qui y présidera lorsqu'il sera présent, ou son Grand Vicaire en son absence, lorsque ce seront l'Abbé de Saint Jacques ou le Doyen de Saint Quiriace qui auront la qualité de Grand Vicaire, du Lieutenant Général du Bailliage qui y présidera pareillement, lorsque la qualité de Grand Vicaire sera donnée à d'autres qu'à l'Abbé de Saint Jacques ou au Doyen de Saint Quiriace; du Lieutenant Général de Police; de notre Procureur au Bailliage; du Maire & de l'ancien des Echevins; d'un des Curés de ladite Ville, & de quatre Notables Bourgeois qui seront nommés de trois ans en trois ans, & dont deux pourront être continués pendant trois autres années seulement.

V I.

Tous lesdits Directeurs perpétuels & non perpétuels, & ceux qui leur succéderont, garderont à perpétuité leurs rang & séance audit Bureau selon l'ordre dans lequel ils sont dénommés cy-dessus, & ceux qui par la suite seront élus, prendront leur séance selon la datte de leur entrée au Bureau, sans égard à leurs autres titres & qualités, & sans y préjudicier.

VII.

Lesdits Directeurs choisiront & éliront un Receveur Général lequel continuera son exercice pendant trois années; & après ledit exercice, & que ledit Receveur aura rendu ses comptes, il sera de droit du nombre desdits Directeurs, pendant le tems de trois années, & aura voix délibérative avec les Directeurs; Ledit Bureau choisira aussi un Greffier ou Sécretaire, lequel n'aura pas voix délibérative, & sera changé à la volonté du Bureau.

VIII.

Pourront lesdits Directeurs faire des Réglemens provisoires pour la police dudit Hôpital & gouvernement des Pauvres, non contraires néanmoins à ces Présentes, & ce, sur des matieres ausquelles il sera nécessaire de pourvoir promptement, sans qu'il puisse en être fait de définitifs, ou sur des objets plus importans, ni pris aucune délibération pour l'aliénation ou engagement des Biens dudit Hôpital.

IX.

Il sera tenu chaque année deux Assemblées extraordinaires l'une dans les huit premiers jours du mois de Janvier, & l'autre dans les huit premiers jours du mois de Juillet, aufquelles Affemblées extraordinaires, outre les Adminiftrateurs ordinaires, feront invités, du côté des Eccléfiaftiques, l'Abbé de Saint Jacques & le Doyen de Saint Quiriace, encore qu'ils ne foient pas actuellement Grand Vicaires, le Doyen de Notre-Dame, & en leur abfence, celui qui fe trouvera le premier de chacun defdits Chapitres, le Prieur de Saint Jacques, & en fon abfence le Sous - Prieur, & les Curés de quatre Paroiffes. Du côté des Laïcs, les Préfidens du Préfidial, le Lieutenant Criminel, le Lieutenant Particulier, le Doyen des Confeillers du Préfidial, nos Avocats, notre Procureur pour la Police, les Echevins en charge, le Maître Particulier des Eaux & Forêts, le Préfident de l'Election, celui du Grenier à Sel ou fon Lieutenant ; & toutes les perfonnes cy-deffus nommées, même les Adminiftrateurs ordinaires, à l'exception de celui qui préfidera, fe placeront dans ladite Affemblée à mefure qu'elles y arriveront, fans obferver aucun ordre de rang & de féance, & fans préjudice de leurs prétentions refpectives par rapport à leur rang dans les cérémonies publiques ou occafions particulières.

X.

Il fera d'abord rendu compte dans lefdites Affemblées générales de l'état actuel où fe trouvera ledit Hôpital , foit par rapport au nombre & à la qualité des Pauvres, foit en ce qui concerne fa Recette & fa Dépenfe, après quoi s'il y a quelque Réglement nouveau à faire pour l'avantage & le bon ordre dudit Hôpital, la propofition en fera faite par les Adminiftrateurs ordinaires , même par ceux qui auront été appellés aufdites Affemblées genérales, pour y être enfuite déliberé & pris telle réfolution qu'il conviendra.

X I.

Seront renfermés , foignés & nourris dans ledit Hôpital tous les Pauvres, Enfans Orphelins & Invalides de l'un & de l'autre fexe, qui ne peuvent fubfifter de leur travail & biens, natif de la Ville de Provins, Banlieuë , ou qui feront domiciliés à Provins, lefquels y feront inftruits dans notre Sainte Réligion, & occupés à des travaux utiles pour le profit dudit Hôpital.

X I I.

Permettons aufdits Directeurs d'avoir dans l'enceinte dudit Hôpital, Poteaux, Carcan & Prifons pour la correction des Pauvres dudit Hôpital feulement ; à l'effet de quoi leur donnons toute Jurifdiction néceffaire fur lefdits Pauvres dans l'intérieur dudit Hôpital, fauf les cas portés par les Ordonnances, dont la connoiffance & la punition appartiendra aux Juges ordinaires, conformément à notre Déclaration du 10 Novembre 1686.

X I I I.

Permettons aufdits Directeurs de recevoir tous dons, legs & gratifications univerfelles ou particulières, de la qualité marquée par l'article XVIII. de notre Edit du mois d'Août dernier, par Contracts, donations à caufe de mort ou entre-vifs, & par quelque autre Acte que ce foit, & en faire les acceptations, recouvremens & pourfuites néceffaires.

X I V.

Leur permettons pareillement d'acquérir, échanger, vendre ou aliéner tous les Biens de la qualité cy-deffus marquée, à la charge que les acquisitions & emplois de deniers à rente ne pourront être faits que dans une Assemblée extraordinairement convoquée ; & les ventes des Biens-fonds ou Rentes de l'Hôpital ne pourront l'être qu'après une Assemblée générale, de l'avis du plus grand nombre.

X V.

Voulons que tous les Biens - immeubles des Enfans Orphelins qui seront reçus pour être élevés dans ledit Hôpital, soient mis en la possession des Directeurs suivant l'inventaire qui en sera fait par un d'entr'eux, avec le Greffier ou Secretaire du Bureau ; desquels Biens ils prendront soin en qualité de Tuteurs, pour les rendre ausdits Enfans lorsqu'ils sortiront dudit Hôpital, sans néanmoins être tenus d'en rapporter les interêts ni les revenus ; & quant aux Biens-meubles desdits Orphelins, ils seront transferés audit Hôpital, pour en être disposés par les Directeurs, ou conservés ausdits Orphelins selon leur prudence ; & en cas de mort tant desdits Orphelins que des autres Pauvres dudit Hôpital, les Meubles, Hardes & Argent appartenans ausdits Pauvres, appartiendront audit Hôpital, à l'excluſion des héritiers quels qu'ils ſoient, même les fonds & héritages, ſi les Héritiers deſdits Pauvres décédés ne ſont pas connus.

XVI.

Voulons que tous les legs, dons & aumônes qui ſeront faits aux Pauvres dans la Ville & Banlieuë de Provins, en termes indéfinis, appartiennent audit Hôpital, à l'exception néanmoins de la diſtribution en pain, grains & argent, fondée par le feu ſieur d'Aligre, Abbé de Saint Jacques, laquelle ſera continuée en la maniére ordinaire, ſans que l'Hôpital Général puiſſe en prétendre la réunion ou l'adminiſtration, & de ce qui ſera donné nommément aux Pauvres de de chacune des Paroiſſes de ladite Ville.

XVII.

Voulons pareillement que conformément au Décret du ſieur Archevêque de Sens, tous les biens & revenus du Monaſtère de Sainte Catherine, réunis audit Hôpital, demeurent ſujets aux Impoſitions ordinaires & extraordinaires, faites ou à faire ſur les biens Eccléſiaſtiques du Dioceſe de Sens, & ce juſqu'à

concurrence de la somme de 500 livres
par an seulement, laquelle ne pourra être
augmentée en cas d'augmentation des
biens dudit Hôpital.

XVIII.

Ordonnons que toutes les distribu-
tions faites à certains jours publiquement
à tous les Pauvres, si aucunes étoient
cy-devant faites, en ladite Ville & Banlieuë de Provins, soient réunies audit
Hôpital, & lui appartiennent.

XIX.

Accordons audit Hôpital, le tiers des
Amendes de Police, comme aussi toutes
condamnations d'Aumônes en termes
généraux, pour les délits & malversa-
tions, qui seront ordonnées dans la
Ville & Banlieuë de Provins.

XX.

Tous les Procès & différends que led.
Hôpital pourra avoir, tant en deman-
dant qu'en défendant, ou ceux dans lesquels il aura le droit d'intervenir, ne
pourront être portés ailleurs qu'au Bailliage de Provins, pour y être jugés, sauf
l'appel en notre Parlement de Paris.

XXI.

XXI.

Toutes les marchandifes & ouvrages qui fe fabriqueront dans ledit Hôpital, ne pourront être vendus en détail, mais feulement en gros, pour en être le produit employé à l'avantage de la Maifon, ainfi qu'il fera reglé par lefdits Adminiftrateurs.

XXII.

Dans le cas où les Malades qui fe trouveront dans ledit Hôpital feroient renvoyés à l'Hôtel-Dieu de ladite Ville, il fera payé par les Adminiftrateurs dudit Hôpital à ceux dudit Hôtel-Dieu, fept fols par jour par chaque Malade, à compter du jour de fon entrée jufqu'au jour de la fortie ou de fon décès ; & audit cas de décè, , les hardes qui auront appartenu aufdits Malades, feront rendues audit Hôpital, à l'effet de quoi elles feront portées fur un Regiftre qui fera tenu audit Hôtel-Dieu.

XXIII.

Ledit Hôpital, quant au fpirituel, fera gouverné par les ordres du fieur Archevêque de Sens, lequel nommera un Chapelain qui célébrera la Meſſe, acquittera les fonctions anciennes & nouvelles, inſtruira les Pauvres, & les adminiſtrera, ainſi qu'il eſt porté au Décret dudit ſieur Archevêque: lequel Archevêque reglera ſon honoraire, comme auſſi les fonctions & juriſdiction du Curé dans le territoire duquel le ſuſdit Monaſtère étoit enclavé: Et en cas que ledit ſieur Archevêque juge à propos d'exempter ledit Hôpital de toute Juriſdiction du Curé, ſera reglé par ledit ſieur Archevêque les conditions, devoirs ou honoraires ſous leſquels il ordonnera & réglera ladite exemption.

XXIV.

Ledit Chapelain ſera amovible, ainſi qu'il eſt porté audit Décret dudit ſieur Archevêque, & ne pourra ſa place être jamais réputée titre de Bénéfice, mais ſeulement Commiſſion & Fonction, exigeant la préſence actuelle dudit Chapelain.

XXV.

Voulons au ſurplus que la Déclaration du Roi notre biſayeul, du douze Décembre mil ſix cens quatre-vingt-dix-huit, portant Réglement pour l'ad-

ministration des Hôpitaux , soit obser-
vée dans ledit Hôpital de Provins dans
tous les articles qui ne font pas contraires aux préfentes Lettres Patentes , dé-
rogeant au furplus à ladite Déclaration
dans tous les points des Préfentes qui n'y
feront pas conformes. Si Donnons
en Mandement à nos amés &
féaux Confeillers , les Gens tenans notre Cour de Parlement à Paris , & autres nos Officiers & Jufticïers qu'il appartiendra , que ces Préfentes ils ayent
à faire regiftrer , lire , publier , & le contenu en icelles garder , obferver & exécuter felon fa forme & teneur. Car tel
eft notre plaifir. Et afin que ce foit
chofe ferme & ftable à toujours , Nous
avons fait mettre notre Scel à cefdites
Préfentes. Donne' à Verfailles au
mois de Décembre l'an de grace mil
fept cens quarante-neuf ; & de notre
regne le trente-cinquiéme. *Signé*, LOUIS.
Et plus bas : Par le Roy, Phelypeaux.

Vifa d'Aguesseau : pour établiffement d'un Hôpital Général en la Ville
de Provins. *Signées* , Phelypeaux.

*Regiftrées , oui ce requérant le Procureur
Général du Roy , pour être exécutées felon*

leur forme & teneur, sauf & sans préjudice des oppositions, défenses réservées au contraire, suivant l'Arrêt de ce jour. A Paris, en Parlement, le sept Septembre mil sept cens cinquante. Signé, Y S A B E A U.

E X T R A I T de la Délibération du Bureau, faite à l'Assemblée générale du dix-neuf Octobre 1750.

A été dit par Mondit Seigneur l'Archevêque, que Monsieur le Lieutenant Général de Police représentoit que par l'Edit de Création de sa Charge, & nottamment par la Déclaration de Sa Majesté du mois de Décembre mil sept cens cinquante, il lui est donné droit d'être un des Administrateurs né de l'Hôpital Général, que ses séances & voyes sont immédiatement après celles de Mr. le Lieutenant Général du Bailliage, que c'est par une erreur s'il a été obmis dans les Lettres Patentes, que cependant il ne veut point agir ni se présenter au Bureau sans sçavoir les intentions de tous les Administrateurs, pour lui éviter de prendre un Arrêt.

L'affaire mise en Délibération, tous les Messieurs du Bureau Général, d'une voix unanime ont dit , qu'ils ne prétendent point contredire son Droit, que même sa présence pourroit être fort utile audit Hôpital, en conséquence a été arrêté qu'il sera invité comme Administrateur né aux Bureaux ordinaires , *Signé ainsi* , JOSEPH Archevêque de Sens, DEVERT, FLEURIOT Maire, HANNU Echevin, GRISARD, GOURY, NOSSEN , JANEL, ROUILLON, GUERRIN, FERRE' Curé de Sainte Croix , SAULSOY , VERNEIL Echevin , LAUDIN Echevin, TISSARD DE ROUVRE, TESTARD, YTHIER, DESTIENNOT DE VASSY, CHAILLOT , BEGULLE , RIVOT , MORAL Lieutenant Général , & PREVOST Secretaire , au bas est écrit Controllé à Provins le vingt-un Décembre mil sept cens cinquante. *Signé* DUVOULDY.

Regiſtrée, oui ſur ce requérant le Procureur Général du Roy , pour être exécutées ſelon leur forme & teneur. A Paris en la premiére Chambre de notre Cour des Aydes, le 6 Juin 1752, collationné , Signé , MESNIER, *avec Paraphe.*

*Regiſtrées, oui ſur ce le Procureur Gé-
néral du Roy, pour être exécutées ſelon
leur forme & teneur, & aux reſerves portées en l'Arrêt de ce jour. A Paris en ladite
Chambre des Comptes, le 27 Février 1753,*
collationné, Signé, GRUGEUR.

*Regiſtrées au Greffe du Grenier à Sel de
Provins, du conſentement du Subſtitut du
Procureur du Roy, ſuivant le jugement de
Meſſieurs les Officiers dudit Grenier, ce-
jourd'hui quatre Septembre mil ſept cens
cinquante-un,* Signé, BRISSOT, Greffier.

DÉCLARATION DU ROY,

Du 12 Décembre 1698.

Qui regle la séance des Curés, & autres Ecclésiastiques dans les Assemblées qui se font pour l'Administration & Gouvernement des Hôpitaux & Maladeries.

LOUIS, PAR LA GRACE DE DIEU, ROY DE FRANCE ET DE NAVARRE : A tous ceux qui ces Présentes verront, SALUT. Nous avons par notre Edit du mois de Mars 1693, desuni de l'Ordre de Nôtre Dame du Mont-Carmel & de Saint Lazare, les Maladeries, Léproseries, Hôpitaux & autres lieux pieux, qui avoient été unis par autre Edit du mois de Décembre 1672, &. Déclaration intervenuë en conséquence; & par notre Déclaration du 24 Août

audit an 1693, ordonné que lesdits Biens
desunis seront employés à la subsistance
& soulagement des Pauvres, & particu-
lièrement des Malades, sur les avis des
Sieurs Archevêques & Evêques de notre Royaume, & des Sieurs Commissai-
res départis dans les Provinces pour l'exécution de nos ordres ; en exécution de
quoi par plusieurs autres Arrêts du Con-
seil rendus sur lesdits avis , & par les
Lettres Patentes expédiées en conséquence, & enregistrées ès Cours de Parlement dans le ressort desquels lesdits
Biens sont situés, l'employ & l'application
en auroit été faite , soit par l'établissement ou rétablissement d'hospitalité dans
ceux desdits lieux dont les revenus se
sont trouvés suffisans à cet effet , soit
par l'union de ceux d'un petit revenu à
d'autres Hôpitaux anciens où l'hospitalité étoit déjà exercée , ou à ceux dans
lesquels elle devoit être établie en vertu
desdits Arrêts & Lettres Patentes , aux
charges & conditions y portées , pour
être les revenus desdits Biens employés
à la subsistance des pauvres Malades des
lieux , suivant les Réglemens qui seroient
faits. Et d'autant que pour conformer
cet ouvrage si utile & si généralement
répandu dans toutes les Provinces , &

presque dans tous les Diocèses du Royaume, & en assurer la durée & le succès, il ne reste qu'à faire lesdits Réglemens, afin d'établir dans lesdits Hôpitaux le bon ordre, la conduite & la Police nécessaire, Nous aurions jugé à propos de faire un Réglement géneral, que Nous voulons être observé dans lesdits Hôpitaux nouvellement établis ou rétablis, & même dans ceux des anciens Hôpitaux ausquels il a été uni des Hôpitaux, Maladeries & autres lieux pieux, desunis de l'Ordre de Nôtre Dame de Mont-Carmel & de Saint Lazare, & qui n'ont point de Réglement : A quoi étant nécessaire de pourvoir. POUR CES CAUSES & autres, de notre certaine science, pleine puissance & autorité Royale, Nous avons par ces Présentes signées de notre main, dit, déclaré & ordonné, disons, déclarons & ordonnons, Voulons & Nous plaît, que chacun des Hôpitaux, Maladeries, Léproseries & autres lieux pieux, desunis de l'Ordre de Notre Dame de Mont-Carmel & de Saint Lazare, dans lesquels l'hospitalité a été établie ou rétablie en exécution desdits Edit & Déclaration des mois de Mars & Août 1693, & des Arrêts & Lettres Patentes expédiées en conséquence, sera

regi & gouverné, & adminiftré ainfi
qu'il enfuit.

ARTICLE PREMIER.

Il y aura en chacun defdits Hôpitaux
un Bureau ordinaire de Direction, com-
pofé du premier Officier de la Juftice du
lieu, & en fon abfence de celui qui le
repréfente, du Procureur pour Nous
aux Siéges, ou du Seigneur, du Maire,
de l'un des Echevins, Confuls & autres
ayant pareille fonction, & du Curé; &
s'il y a plufieurs Paroiffes dans le lieu,
les Curés y entreront chacun pendant une
année & tour à tour, à commencer par le
plus ancien.

I I.

Outre ces Directeurs nés, il en fera
choifi de trois ans en trois ans dans les
Affemblées générales qui feront tenuës,
ainfi qu'il fera dit cy-après, tel nombre
qui fera jugé à propos dans chaque lieu
d'entre les principaux Bourgeois & Habitans, pour avoir entrée, féance après
les Directeurs nés, & voix délibérative
dans le Bureau de Direction, pendant
ledit tems de trois ans, fauf à l'Affemblée générale à les continuer tous ou feulement quelques-uns, fi bon lui femble.

I I I.

Le Bureau ordinaire de Direction s'af-
femblera une fois la femaine ou tous les
quinze jours au moins , dans l'Hôpital ,
au jour & heure qui fera marquée , &
plus fouvent fi les affaires le requièrent.

I V.

Il fera tenu des Affemblées générales
dans chaque Hôpital une ou deux fois
par chacune année , aux tems qui feront
marqués.

V.

Les Affemblées générales feront com-
pofées , outre le Bureau ordinaire , de
ceux qui auront été Directeurs de l'Hôpital , & des autres Habitans qui ont
droit de fe trouver aux affemblées de la
Communauté du lieu.

V I.

Les Délibérations qui auront été pri-
fes dans les Affemblées générales & dans
le Bureau de Direction , feront écrites
fur un Regiftre paraphé par le premier
Officier de Juftice , & figné , Sçavoir ;
celle de Bureau de Direction par tous

ceux qui auront affifté, & celles des Affemblées générales par les principaux & les plus Notables du lieu.

V I I.

Il fera nommé tous les trois ans par le Bureau de Direction, un Tréforier ou Receveur, pour faire les Recettes des revenus de l'Hôpital, & les employer à l'acquit des Charges, à la fubfiftance & entretien des Pauvres, & autres dépenfes utiles & néceffaires.

V I I I.

Il fera nommé dans le Bureau de Direction au commencement de chacune année, & plus fouvent s'il eft jugé à propos, deux des Directeurs nés ou Élus pour expédier les Mandemens des fommes qui devront être payées par le Tréforier ou Receveur, & il ne pourra lui être alloué aucune en dépenfe, qu'en rapportant les Mandemens fignés defdits deux Directeurs.

I X.

Le Tréforier ou Receveur aura entrée dans toutes les Affemblées ordinaires & extraordinaires, fans voix délibérative.

X.

Les Archevêques & Evêques auront conformément à l'article XXIX. de l'Edit du mois d'Avril 1695, la premiére séance, & présideront tant dans le Bureau ordinaire, que dans les Assemblées générales qui se tiendront pour l'Administration des Hôpitaux de leurs Diocèses lorsqu'ils y voudront assister, & les Ordonnances & Réglemens qu'ils y feront pour la conduite spirituelle, & célébration du Service Divin, seront exécutées nonobstant toutes oppositions & appellations simples & comme d'abus, & sans y préjudicier.

XI.

En l'absence des Archevêques & Evêques, leurs Vicaires Généraux pourront assister ausdits Bureaux ordinaires & Assemblées générales, y auront voix délibérative, & prendront place après celui qui présidera.

XII.

Les Baux à ferme des biens & revenus desdits Hôpitaux, ne pourront être faits que dans le Bureau de Direction, après

les Publications nécessaires , & après
avoir reçu les enchères.

XIII.

Il ne sera fait aucuns voyages ni ré-
parations , ni accordé aucune diminu-
tion aux Fermiers que par délibération
du Bureau de Direction.

XIV.

Il ne pourra être entrepris aucun Bâ-
timent ni ouvrage nouveau , intenté ni
soutenu aucun Procès , faire aucun em-
prunt , ni acquisition, sans une délibération préalable prise dans l'Assemblée générale.

XV.

Le Trésorier ou Receveur sera tenu
de présenter au premier Bureau de Direction, qui sera tenu en chacun mois,
l'état de sa Recette & Dépense du moïs
précédent, qui sera arrêté & signé par
ceux qui y auront assisté.

XVI.

Le Trésorier ou Receveur sera tenu
de présenter au Bureau de la Direction ,
dans les trois premiers mois de chacune

année, le compte de la Recette & Dépense par lui faite dans l'année précédente, & d'y joindre les Etats arrêtés par chacun mois, avec les autres Piéces justificatives, pour être ledit compte arrêté dans le Bureau & signé par tous ceux qui y auront assisté.

XVII.

A faute par ledit Trésorier de présenter son compte dans le tems porté par l'article précédent, il pourra être destitué, & il sera en ce cas nommé un autre en sa place, sans préjudice des poursuites qui seront faites contre celui qui n'aura rendu compte pour l'obliger à le rendre.

XVIII.

Le comptable se chargera en Recette du reliquat du compte si aucun y a , & des reprises.

XIX.

Les Piéces justificatives seront Paraphées par celui qui rendra le compte, & par celui qui présidera à l'examen & clôture.

XX.

Le compte clos & arrêté dans le Bu-

reau de Direction fera répréfenté & lû
dans la premiére Affemblée genérale qui
fera tenuë enfuite, & en cas qu'il y foit
reconnu quelque abus il y fera pourvu
par l'Affemblée, ainfi qu'elle jugera à
propos.

XXI.

Il fera fait choix d'un lieu commode
dans l'Hôpital où feront mis par ordre
les Titres & Papiers concernans les Biens
de l'Hôpital en une ou plufieurs Armoi-
res fermantes à deux ou trois clefs, dont
chacune fera gardée par ceux qui feront
nommés à cet effet.

XXII.

Il fera auffi fait un Inventaire defdits
Titres & Papiers qui y fera joint, & fur
lequel feront adjoutés les comptes qui feront rendus à l'avenir, & les Actes nou-
veaux concernans les affaires de l'Hôpital à mefure qu'il s'en paffera, & feront
lefdits Actes & Comptes avec les Piéces
juftificatives remis aux Archives de l'Hôpital.

XXIII.

Il fera pourveu par le Bureau ordinaire de Direction au furplus de tout ce qui

pourra

pourra regarder l'économie & l'adminiſtration du temporel de chacun Hôpital ,
ſelon qu'il ſera jugé à propos pour le
ſoulagement des Pauvres.

Et quant aux Hôpitaux , Maladeries ,
Léproſeries & autres lieux pieux, &
Biens en dépendans , deſunis de l'Ordre
de Notre-Dame de Mont-Carmel & de
Saint Lazare, & mis en exécution deſdits Edit & Déclaration des mois de Mars
& Août 1693. Arrêts & Lettres Patentes expédiées en conſéquence à d'autres
Hôpitaux établis avant le mois de Mars
1693. Nous ordonnons que leſdits Biens
ſeront regis dans la même forme & maniére , & ſuivant les mêmes Réglemens
que les anciens Biens & Revenus des
Hôpitaux , auſquels l'union en a été faite. Et en cas que les Hôpitaux n'ayent
point de Réglemens , Voulons que le
préſent Réglement y ſoit gardé & ob-
ſervé , tant pour les Biens dont ils jouiſ-
ſoient avant leſdites unions , que pour
ceux qui ont été nouvellement unis par
leſdits Arrêts & Lettres Patentes. S I
D O N N O N S M A N D E M E N T à nos amez
& féaux Conſeillers les gens tenant notre Cour de Parlement à Paris , que ces
Préſentes ils ayent à faire regiſtrer , &
le contenu en icelles garder & obſerver

B

selon leur forme & teneur, sans souffrir qu'il y soit contrevenu en quelque sorte & maniére que ce soit. Enjoignons à nos Procureurs Généraux de tenir la main à ce que ces Présentes soient regiſtrées dans tous les Siéges de leur Reſſort ; Car tel eſt notre plaiſir. En témoin de quoi Nous avons fait mettre notre Scel. Donne' à Verſailles le 12ᵉ jour de Décembre, l'an de grace mil ſix cens quatre-vingt-dix-huit, & de notre Règne le cinquante ſixième. Signé, LOUIS; *Et plus bas*, Par le Roi, Phelipeaux. Et ſcellées du grand Sceau de cire jaune. *Régiſtrées en Parlement le* 19 *Décembre* 1698. Signé, Du Jardin.

TRAITÉ

Du 29 Juin 1751, fait par les Adminis-
trateurs de l'Hôpital Général avec les
Dames de la Congrégation de St. Thomas
de Villeneuve établies à Paris.

PAR devant les Notaires &
Tabellions Royaux en la Ville
& Bailliage de Provins, y
résidents, souffignés, font
comparus Messieurs les Directeurs &
Administrateurs de l'Hôpital Général
établi audit Provins, affemblés en leur
Bureau en la manière ordinaire, stipulans
pour ledit Hôpital, & autorisés à l'effet
des Préfentes par la délibération générale
du vingt-un du préfent mois, lefdits
sieurs Directeurs comparans par Mr.
Tissard de Rouvre, Abbé de Selle,
Grand-Vicaire de Monfeigneur l'Arche-
vêque, & Doyen de Saint Quiriace;
Moral Lieutenant Général; Devert
Lieutenant Général de Police; Chaillot
Procureur du Roy au Bailliage; Fleuriot
Maire; Hanut Echevin; Rouillon

Curé de Saint Ayoul ; Rivot Conseiller au Bailliage ; Grisard Avocat ; Testard Marchand ; & Cattet Receveur charitable , d'une part.

Et Dame Perinne Duval de Chalonge, Dame de la Congrégation de Saint Thomas de Villeneuve, & Assistante de la Dame Supérieure Générale de ladite Congrégation , demeurantes ordinairement dans leurs Maisons de Paris , ruë de Seve , Paroisse Saint Sulpice , au nom & comme fondée de la Procuration spéciale , à l'effet des Présentes des Dames de ladite Congrégation de Saint Thomas de Villeneuve , & de Dame Rene'-Jacquette Duvergier de Kerhorlay, Supérieure Générale , autorisée par la Procuration du 3 Mars 1751 , par Monseigneur l'Archevêque de Sens , Supérieur Général de ladite Congrégation ; ladite Procuration donnée à ladite Dame Duval de Chalonge , passée devant Me. Aleaume & son Confrère , Notaires au Châtelet de Paris. Le 25 Juin présent mois , réprésentée par ladite Dame , d'elle certifiée véritable & Paraphée , & à sa réquisition par les Notaires soussignés , pour être annexée à la Minutte des Présentes : Ladite Dame Duval de Chalonge , assistée de Dame Jeanne-Suzanne de

Vilberneau, Supérieure de la Maison de l'Enfant Jesus, établie à Paris, & de Dame Marie-Louise de Peugueru, Supérieure de l'Hôpital de Clermont, d'autre part.

Lesquelles Parties ont dit, sçavoir ; lesdits sieurs Directeurs & Administrateurs que le Roi ayant par ses Lettres Patentes du mois de Décembre 1749, Registrées au Parlement le 7 Septembre 1750, confirmé & autorisée le Décret d'extinction & suppression du Monastère des Réligieuses de Sainte Claire, du Mont Sainte Catherine lès Provins, donné par Monseigneur l'Archevêque de Sens le 20 Septembre 1742, & établi en son lieu & place un Hôpital Général, pour y retirer les Pauvres, Orphelins, Mendiants & Invalides de l'un & l'autre sexe, de la Ville & Banlieuë de Provins, & lieux circonvoisins, duquel Hôpital Général le Gouvernement & Administration ont été confiés au Bureau établi par les mêmes Lettres Patentes, lesdits sieurs Directeurs & Administrateurs ont regardé comme le premier objet de leur attention, le choix des personnes qu'ils dévoient appeller à la conduite & Gouvernement intérieur dudit Hôpital, & dans cette vuë, ils en ont conférés avec mondit Seigneur l'Archevêque de Sens, qui leur a rendu les témoignages les plus avantageux du zéle de la charité & des talens desdites Dames & des Sœurs qui composent ladite Congrégation, singulièrement en ce qui concerne la conduite des Hôpitaux, qui leur a été remise dans plusieurs Villes du Royaume, & qu'elles gouvernent sous l'autorité des Directeurs d'une maniére utile & édifiante, en conciliant les exercices de piété qui leur sont prescrits par leurs Regles, avec le service des Pauvres, & le bon ordre qui n'en souffrent ni préjudice ni retard, des considérations si importantes & si essentiels, ayant déterminé lesdits sieurs Directeurs & Administrateurs à donner la préférence ausdits Sœurs de la Congrégation de Saint Thomas de Villeneuve, sur toutes celles des autres Congrégations Hospitalières, & de toutes les autres personnes qui auroient pû se présenter pour le service & Gouvernement intérieur dudit Hôpital, & lesdites Dames comparantes sur l'invitation de mondit Seigneur Archevêque, s'étant transportées en cette Ville, lesdits sieurs Directeurs par leurs Délibérations du 18 du présent mois, ont arrêté que pour délibérer sur cette affaire il sera convoqué un

Bureau Général extraordinaire le 21 du
préfent mois, lequel par fa Deliberation
du même jour, a autorifé lefdits fieurs
Directeurs à paffer Contract avec lefdites
Dames, fous les conditions exprimées audit Acte, dont l'expédition leur a été
communiquée.

Et par ladite Dame Duval de Chalonge, a été dit qu'elle a fait part à fa Congrégation des propofitions defdits fieurs
Directeurs, & qu'en conféquence ladite
Dame Supérieure Générale & fon Con-
feil pour le Gouvernement de ladite
Congrégation, lui ont donné pouvoir
de régler & arrêter avec lefdits fieurs
Adminiftrateurs les conventions de leurs
établiffemens dans ledit Hôpital, qu'elle
fe porte d'autant plus volontiers à faire
ufage des pouvoirs qui lui ont été confiés, que leurs Inftituts les devoient fpé-
cialement au fervice des Pauvres, par
ces confidérations toutes lefdites Parties
défirant mutuellement de confommer un
établiffement fi utile: elles font convenues
de ce qui fuit, Sçavoir; que les Sœurs
de ladite Congrégation de Saint Thomas
de Villeneuve, feront admifes & reçuës
dans ledit Hôpital Général, comme lefdits fieurs Directeurs, en vertu dudit
Acte de Délibération du 21 de ce mois

les admettent & reçoivent par ces Présentes pour servir les Pauvres, Gouverner l'intérieur dudit Hôpital à perpétuité sous les conditions cy-après.

I. Qu'elles seront tenues de le régir
& gouverner suivant les ordres du Bureau ordinaire, à l'Administration, &
conformément aux Reglemens qui se-
rons faits, soit par le Bureau Général,
soit par le Bureau ordinaire, dans le cas
qui les concernent respectivement, suivant les Lettres Patentes portant établissement dudit Hôpital.

II. Que le nombre des Sœurs, & des
Sœurs Converses, qui sera ervoyé
pour le service dudit Hôpital, seront
aussi à perpétuité déterminée par le Bureau d'Administration, qui pourra l'aug-
menter ou le diminuer suivant sa prudence, & les besoins dudit Hôpital.

III. Que les Aides & Domestiques
de l'un & l'autre sexe, qui pourront être
donnés ausdites Sœurs, seront choisis
par le Bureau d'Administration qui pour-
voira à leurs gages, & aura les égards
convenables aux répréfentations desdites
Sœurs, sur l'admission ou le renvoy des
Domestiques, dont l'Hôpital pourra
avoir besoin.

IV. Qu'il ne pourra être introduit aucunes perſonnes dans ledit Hôpital , à quelque titre & ſous quelques qualités que ce ſoit, que par les Adminiſtrateurs, & en conſéquence des ordres du Bureau.

V. Qu'il ſera libre aux Supérieurs de ladite Congrégation , de retirer les Sujets qui ſeront employés dans ledit Hôpital, auquel cas les voyages ſe feront au dépens de ladite Congrégation, ainſi que ceux des Sujets qui viendront remplacer: il ſera également libre au Bureau de faire retirer les Sujets qu'il jugera peu propre au Gouvernement dudit Hôpital, auquel cas l'Adminiſtration payera les frais de voyage du Sujet retiré , & du Sujet qui remplacera, eû égard à la diſtance de cette Ville, à celle de Paris, il payera auſſi les voyages deſd. Sœurs, pour leur premiere introduction aud. Hôpital, & pour en aſſurer le Gouvernement qui dépend eſſentiellement de la bonne conduite de la Supérieure, qui en ſera principalement chargée , il a été convenu qu'elles ne pourroient être rétirées pendant trois années, ſi ce n'eſt du conſentement & avec l'agrément du Bureau, ſans néanmoins aucune néceſſité, de la part des Adminiſtrateurs , de conſerver la Supérieure pendant ledit temps, ſi ſon Gouvernement ne convenoit point au Bureau.

V I. Que chacune des Sœurs sera retribuée de la somme de 60 livres par an pour son vestiére, & chacune des Sœurs Converses de la somme de trente livres; qu'il leur sera fourny une nouriture Bourgeoise, & tous les Médicamens, Médecins & Chirurgiens, & tous les autres secours dont elles pourront avoir besoin pendant leurs maladies, qu'il leur sera donné un Lit garni & autres Meubles nécessaires, Draps, Serviettes, Napes, Torchons, Manches & Tabliers de cuisine, & que le tout sera blanchi aux dépens de l'Hôpital ainsi que le Linge desdites Sœurs, lesqu'elles pourront prendre le tems nécessaire pour racommoder leurs hardes, dans le moment où les travaux de l'Hôpital n'exigeront pas leurs soins.

V I I. Que lesdites Sœurs ne seront point assujetties à se charger des grosses provisions, mais que le Bureau leur confiera seulement les petites dépences journaliéres, & qu'elles rendront compte à la fin de chaque mois de l'argent qu'il leur aura fourni à cet effet.

V I I I. Que lorsqu'il viendra à mourir quelques Sœurs à l'Hôpital, elles y seront Enterrées aux frais dudit Hôpital, & qu'il sera fait un Service pour le repos de leurs ames.

Au moyen de toutes les conventions cy-deſſus , que les Parties promettent reſpectivement d'exécuter , ladite Dame au nom des Supérieurs de ladite Congrégation , s'oblige de fournir tous les Sujets qui pourront être néceſſaires pour le ſervice dud. Hôpital , en conformité de ce qui a été cy-deſſus réglé à cet égard.

Faït & paſſé à Provins audit Bureau le vingt-neuf Juin mil ſept cens cinquante-un , après midi , & ont ſignés avec leſdits Notaires , la Minute des Préſentes eſt Controlée à Provins , le trente Juin mil ſept cens cinquante-un , reçû douze ſols par DUVOULDY , & demeurée audit PREVOST , l'un des Notaires ſouſſignés.

Scellé le 5 Octobre 1751.

BARDIN. PREVOST.

Enſuit la Procuration énoncée au préſent Acte ,

Par devant les Conſeillers , Notaires du Roy à Paris , ſouſſignés , furent préſentes les Dames de la Congrégation de Saint Thomas de Villeneuve , établies à Paris , ruë de Seve , Paroiſſe de Saint Sulpice , répréſentée par Dame René-

Jacquette Vergier de Kerhorlay , Supérieure Générale de ladite Congrégation, & fondée de Procuration de Monseigneur l'Archevêque de Sens , Supérieur Général de ladite Congrégation , passée devant Aleaume , le vingt-trois Mars mil sept cens cinquante-un , Dame Cécile Cufat , Supérieure de l'Enfant Jesus , Sœur Marie-Thérese Serpin , Infirmiére , Sœur Anne de la Croix , Sœur Françoise Maekena , Maîtresse des Novices , Sœur Anne David , Sacriſtine , lesquelles ont fait & conſtitué pour leur Procuratrice Générale & ſpéciale , Dame Perine Duchalonge Duval , l'une des Dames de ladite Congrégation , Aſſiſtante de la Supérieure Générale , à laquelle lesdites Dames donnent pouvoir de pour elles & en leurs noms , regler & arrêter avec Meſſieurs les Adminiſtrateurs de l'Hôpital Général de Provins en Champagne, les conventions de l'établiſſement desdites Dames en ladite Ville , & le Gouvernement de l'Hôpital d'icelle , en paſſer & ſigner le Traité,& généralement faire à ec ſujet ce qu'il conviendra. Promettant, &c. obligeant, &c. Fait & paſſé à Paris ès demeures des Parties , le vingt Juin 1751 , & ont ſignées avec lesdits Notaires ; à côté eſt écrit, Scellé ledit

jour, & plus bas Paraphé *ne varietur* au
défir de l'Acte paffé cejourd'hui vingt-
neuf Juin mil fept cens cinquante - un ,
& ont lefdites Dames fignées avec lefdits fieurs Adminiftrateurs , Bardin &
Prevoft Notaires , & demeurée audit Prevoft l'un des Notaires fouffignés,

BARDIN & PREVOST.

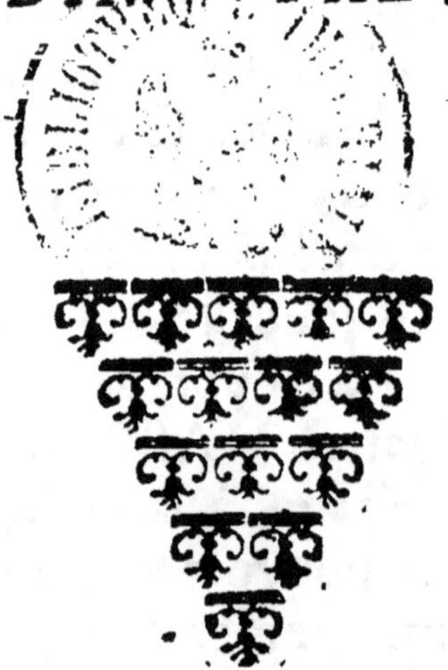

Permis d'imprimer. *A Provins ce quatorze
Octobre mil fept cens cinquante -trois.*

DEVERT.

www.ingramcontent.com/pod-product-compliance
Lightning Source LLC
LaVergne TN
LVHW050646060726
842527LV00004B/1512